I0568646

APPRENDRE LE
Katakana

GUIDE D'ÉTUDE ET CAHIER D'EXERCICES

© Copyright 2022 George Tanaka
Tous droits réservés

POLYSCHOLAR

www.polyscholar.com

CONTENU

> *Astuce* | *Ce guide convient particulièrement bien aux stylos gel, aux crayons, aux stylos à bille et autres formes d'écriture similaires. Soyez prudent avec les marqueurs et l'encre, car les supports lourds ou humides peuvent provoquer un débordement du papier ou un transfert sur les pages inférieures. Voici quelques boîtes de test pour vérifier si vos stylos conviennent :*

APPRENDRE LE JAPONAIS

Apprendre à lire, écrire et parler le japonais est beaucoup plus simple qu'il n'y paraît au premier abord. Le Katakana est la deuxième écriture que nous apprenons, et elle partage de nombreuses règles avec la première, le Hiragana. Ce guide a été conçu pour faciliter et accélérer sa compréhension.

Nous commencerons par une brève présentation du système linguistique japonais, au cas où vous n'auriez pas déjà terminé notre livre d'exercices Apprendre les Hiragana. Après un bref aperçu des différents "alphabets" (oui, il y en a plus d'un !), nous passerons directement à l'apprentissage du katakana !

COMMENT UTILISER CE GUIDE

Comme pour toute langue, la répétition est l'un des moyens les plus rapides pour s'imprégner. Ce cahier d'exercices contient des pages d'instructions soigneusement conçues qui vous apprendront à écrire chaque caractère, avec suffisamment d'espace pour mettre en pratique vos nouvelles connaissances en calligraphie japonaise :

Page de gauche   **Page de droite**   **CARTES FLASH**

Vers la fin du cahier, vous trouverez des tableaux supplémentaires qui vous permettront d'apprendre à écrire certains (ou même tous) les kana. Ces tableaux sont appelés traditionnellement Genkouyoushi (en japonais), ce qui signifie "papier manuscrit".

La dernière partie de ce cahier d'exercices contient un ensemble de pages de style carte flash qui peuvent être photocopiées ou découpées. Elles constituent un excellent moyen de vous aider à mémoriser les symboles et à tester vos connaissances. Les jeunes apprenants doivent demander l'aide d'un adulte pour les découper !

ÉCRITURES JAPONAISES

En apprenant le japonais, vous rencontrerez quatre types d'écritures (ou alphabets) très différents. Si cela peut sembler compliqué au premier abord, cela devrait prendre tout son sens dans un instant, d'autant plus que vous en comprenez déjà un !

RŌMAJI ロマンジ

Signifiant littéralement "lettres romaines", il s'agit en fait d'une représentation de la langue japonaise avec des lettres familières. Il n'est utilisé que pour traduire la langue dans une forme que les non-japonais peuvent comprendre. Il n'est pas très courant dans l'usage quotidien.

Les trois autres écritures, Hiragana, Katakana et Kanji, sont utilisées en permanence et sont généralement combinées pour former des mots et des phrases dans l'écriture japon-aise quotidienne. Chaque écriture a sa propre utilité et, ensemble, elles nous indiquent le sens des mots, leur origine et la manière dont ils doivent être prononcés.

HIRAGANA ひらがな

あいうえおかきくけこ

Cette écriture est la première que nous devons apprendre, et elle se compose de caractères simples avec des formes rondes. Contrairement à l'alphabet romain, cette écriture est phonétique et chaque caractère représente le son d'une syllabe. Chaque fois que vous verrez un caractère spécifique, vous saurez comment il se prononce.

KATAKANA カタカナ

アイウエオカキクケコ

Cette écriture constitue également une écriture phonétique simple. Les katakana représentent les mêmes sons syllabiques que les Hiragana, mais sont utilisés pour les mots empruntés à d'autres langues, comme les noms étrangers, les technologies modernes ou les aliments, par exemple. Leur aspect est plus anguleux et plus pointu.

Traduits littéralement par "lettres chinoises", les Kanji sont des caractères empruntés à la langue chinoise. Contrairement aux autres écritures qui représentent des sons, les symboles Kanji représentent des blocs de sens, comme des mots entiers ou une idée générale sur quelque chose.

年 本 月 生 米 前 合 事 社 京

Il existe littéralement des milliers de Kanji, et de nouveaux sont créés en permanence, ce qui les rend difficiles à maîtriser, même pour les linguistes les plus avancés. Il existe une certaine logique dans leur composition, de sorte que vous finirez par comprendre ou deviner des symboles que vous n'avez jamais vus auparavant.

UN REGARD SUR KATAKANA

Tout comme avec Hiragana, il existe 46 caractères katakana de base qui, contrairement aux lettres anglaises, représentent différents sons parlés. Ces sons sont les mêmes que les Hiragana et sont basés sur seulement 5 « sons de voyelles ». Ils ont également les mêmes homologues consonnes.

Katakana	ア	イ	ウ	エ	オ
Romaji	a	i	u	e	o
Pronunciation	'ah'	'ee'	'oo'	'eh'	'oh'

Voyelles

TDans ce guide, vous apprendrez à écrire tous les Katakana de base, mais aussi à créer des sons supplémentaires en combinant les symboles de base. À la fin du livre, vous serez en mesure d'écrire les caractères qui composent la plupart des sons indispensables à la langue japonaise.

Les pages suivantes contiennent beaucoup d'informations, mais ne vous laissez pas submerger. En plus des tableaux de tous les kana de base que vous apprendrez, nous expliquerons certaines des règles de base pour combiner ces symboles - puis il sera temps de mettre le stylo sur le papier !

Ce tableau présente les 46 Katakana de base avec leur orthographe en Romaji représent-
ant le même son phonétique. Les voyelles sont en haut et leurs versions correspondantes
avec des consonnes sont montrées en dessous. **Notez l'exception 'n' - aussi, *wo est un
kana peu commun.

Voyelles

Les consonnes	a	i	u	e	o
	ア a	イ i	ウ u	エ e	オ o
k	カ ka	キ ki	ク ku	ケ ke	コ ko
s	サ sa	シ shi	ス su	セ se	ソ so
t	タ ta	チ chi	ツ tsu	テ te	ト to
n	ナ na	ニ ni	ヌ nu	ネ ne	ノ no
h	ハ ha	ヒ hi	フ fu	ヘ he	ホ ho
m	マ ma	ミ mi	ム mu	メ me	モ mo
y	ヤ ya		ユ yu		ヨ yo
r	ラ ra	リ ri	ル ru	レ re	ロ ro
w	ワ wa		ン **n		ヲ *wo

DIACRITIQUES

En plus du Katakana de base, il existe 25 symboles diacritiques. Ces symboles sont utilisés pour les syllabes à consonance similaire, mais dont la voix est différente. Il s'agit essentiellement des mêmes symboles de base, mais avec des marques supplémentaires pour indiquer qu'elles doivent être prononcées avec un son légèrement différent :

Basique   **avec Dakuten**   **avec Handakuten**

Les Katakana de base avec ces petits traits (Dakuten) ou un cercle (Handakuten) au-dessus d'eux montrent que la partie consonante du son doit être modifiée à l'oral :

> Le son k se prononce avec un son g.
> Le son s se transforme en son z (sauf pour し).
> Le son t devient un son d.
> Le son h devient un son b avec Dakuten.
> ... ou le son P avec Handakuten.

	a	i	u	e	o
k ▶ g	ガ ga	ギ gi	グ gu	ゲ ge	ゴ go
s ▶ z	ザ za	ジ ji	ズ zu	ゼ ze	ゾ zo
t ▶ d	ダ da	ヂ dzi (ji)	ヅ dzu	デ de	ド do
h ▶ b	バ ba	ビ bi	ブ bu	ベ be	ボ bo
h ▶ p	パ pa	ピ pi	プ pu	ペ pe	ポ po

DIGRAPHES

On appelle cet ensemble de symboles des Digraphes - utilisant deux caractères de base que nous avons déjà vus ; ils montrent où deux sons de syllabes sont combinés pour en créer un nouveau :

$$キ + ヤ = キャ$$

(ki)　　(ya)　　　(kya)

Lorsque vous écrivez ces lettres, il est essentiel que le deuxième symbole soit nettement plus petit que le premier. Cela nous permet de savoir que les deux sons doivent être combinés.

La prononciation de ces sons Hiragana dits composés est assez simple - par exemple, き (ki) + や (ya) devient きゃ (kya) et nous le prononçons comme 'kiya' sans le son 'i'.

Ne laissez pas le tableau ci-dessous vous effrayer - tous les digraphes sont composés exclusivement de lettres de la colonne い/i (à l'exception de lui-même) et ils ne sont modifiés que par des lettres de la rangée Y !

キャ	キュ	キョ		ギャ	ギュ	ギョ
kya	kyu	kyo		gya	gyu	gyo
シャ	シュ	ショ		ジャ	ジュ	ジョ
sha	shu	sho		ja	ju	jo
チャ	チュ	チョ		ニャ	ニュ	ニョ
cha	chu	cho		nya	nyu	nyo
ニャ	ヒュ	ヒョ		ビャ	ビュ	ビョ
hya	hyu	hyo		bya	byu	byo
ピャ	ピュ	ピョ		リャ	リュ	リョ
pya	pyu	pyo		rya	ryu	ryo
ミャ	ミュ	ミョ				
mya	myu	myo				

CONSONNES DOUBLES

Les mots japonais avec katakana peuvent également contenir un son à double consonne. Ces mots comportent également le petit ツ / tsu (appelé sokuon) pour montrer qu'il doit être prononcé différemment. Examinons un autre exemple de katakana :

Sans le petit ツ (tsu), le mot ペト (peto) n'a pas de sens, mais ペット (petto), avec le sokuon, signifie animal de compagnie - comme un hamster ou un chat !

Notez que le petit ツ est placé avant le caractère dont il prend le son consonantique supplémentaire. Lorsque vous voyez des mots avec ce modificateur, la partie consonante du symbole qui le suit (dans cet exemple, le "t" de "to") est ajoutée à la fin du son qui le précède.

Les deux consonnes doivent être entendues séparément lorsque le mot est prononcé comme si vous disiez "pet-to", mais sans laisser d'espace qui puisse être entendu.

LES VOYELLES LONGUES

Il faut toujours être conscient des voyelles allongées (par exemple, aa, ii. oo, ee et uu). Lorsque parlé, la durée du son est allongée (généralement doublée à nouveau), mais lorsqu'il est écrit en Katakana, nous utilisons un trait ー (appelé 伸ばし棒, qui signifie littéralement " barre d'étirement ").

C'est l'une des façons dont le Katakana diffère de l'Hiragana, à part les formes, car celui-ci utilise un symbole vocalique supplémentaire pour indiquer un son vocalique long. Voyons quelques exemples :

フ + リ = フリー   ケ + キ = ケーキ

(fu) (ri)—   fu-rii **(gratuit)**   (ke)— (ki)   kee-ki **(gâteau)**

Il est à noter que la "barre d'étirement" est tournée vers une ligne verticale lorsque le texte est écrit verticalement.

DIRECTION D'ÉCRITURE

On voit souvent les textes japonais en colonnes verticales. Sous cette forme, on écrit et lis de haut en bas, une colonne à la fois, en commençant par le côté droit de la page. Depuis la fin de la Seconde Guerre mondiale, on utilise l'orientation horizontale, plus familière, qui se lit de gauche à droite, comme dans la langue française. Cette règle s'applique à tous les types d'écriture.

Le texte de ces exemples est identique, à l'exception du sens de lecture et d'écriture :

1. 私は犬を飼っています。
彼女は行儀が良い。
彼らは寝るのが好きです。
多くの場合、一日中。
多分彼女は怠け者です。

2.

Tategaki
縦書き

("l'écriture verticale")

1. 私は犬を飼っています。
彼女は行儀が良い。
彼らは寝るのが好きです。
多くの場合、一日中。
多分彼女は怠け者です。

2.

Yokogaki
横書き

("l'écriture horizontale")

On voit souvent les textes japonais en colonnes verticales. Sous cette forme, on écrit et lis de haut en bas, une colonne à la fois, en commençant par le côté droit de la page. Depuis la fin de la Seconde Guerre mondiale, on utilise l'orientation horizontale, plus familière, qui se lit de gauche à droite, comme dans la langue française. Cette règle s'applique à tous les types d'écriture.

PRONONCIATION

Une bonne prononciation du japonais se prépare dès l'apprentissage des kana, puisqu'ils couvrent la plupart des sons dont nous avons besoin pour l'ensemble de la langue. Il est important de s'exercer à ce stade précoce si vous voulez développer un accent naturel et natif.

Remarque : Ce cahier d'exercices comprend une introduction très basique à la prononciation japonaise, car elle s'enseigne plus efficacement avec l'audio. Chacune des pages d'exercices utilise un mot ou une syllabe de l'anglais ayant une consonance similaire pour décrire les sons - il est bon de les répéter à voix haute au fur et à mesure que vous progressez dans le livre.

TRAITS & LIGNES

Les écritures japonaises sont traditionnellement écrites au pinceau et ont un aspect peint à l'encre. Même si nous utilisons maintenant des stylos modernes, il est important que nous apprenions à écrire traditionnellement, avec les mêmes mouvements et traits. De manière pratique, Katakana オ (ou « o ») contient les trois types de traits - nous les avons nommés en fonction de leur composition et de leur apparence :

Coup d'arrêt | Saut dégradé | Coup dégradé

Le "Saut dégradé" est obtenu en retirant rapidement le stylo du papier à la fin du trait. Le "coup d'arrêt" est exactement ce qu'il semble être, c'est-à-dire que votre trait s'arrête définitivement avant que vous ne leviez votre stylo. Un "coup dégradé" est réalisé en soulevant plus doucement le stylo du papier pendant que votre main est en mouvement. Vous pouvez imaginer comment le trait pourrait s'affiner et s'estomper si vous retiriez progressivement de la page la pointe d'un pinceau épais et humide.

Comparés aux Hiragana, avec leurs formes rondes et incurvées, les Katakana sont dessinés avec plus de traits "stop" et "fondu" avec beaucoup moins de marques de "fondu de saut".

STYLES D'ÉCRITURE

Ce guide vous apprendra à écrire les Katakana avec les mouvements standard basés sur les apparences brossées, mais vous rencontrerez d'autres styles de caractères au cours de votre apprentissage :

オ オ オ オ オ オ

Ces caractères ont tous la même signification, mais ont juste un aspect un peu différent étant donné qu'ils sont faits soit à la main, avec des stylos ou des crayons, soit affichés sous forme de police numérique moderne sur un écran (ou en imprimé). Même si l'apparence change légèrement, le sens reste le même.

Partie 2

APPRENDRE À ÉCRIRE EN KATAKANA

ア ア **a**

Prononcé comme le "a" de "après" ou "appareil".

APPRENDRE

Ce kana se dessine en trois traits : arrêt, arrêt, dégradé.

Le premier trait consiste en une ligne horizontale légère-ment inclinée. Le deuxième coupe le premier en deux verti-calement, en s'incurvant vers le bas, puis vers l'extérieur en direction du bas. Le troisième trait part du milieu, s'incurve vers le bas et la gauche, avant de remonter vers le haut et la droite. Il traverse son point de départ, puis redescend. Essayez de faire glisser votre stylo à la fin de ce troisième trait.

ÉCRIRE   Commencez par tracer les formes dans les grandes cellules ci-dessous.

Ensuite, entraînez-vous à dessiner ce caractère dans ces petites cellules

i

APPRENDRE

Ce kana se dessine avec deux traits ; saut dégradé, arrêt.

Le premier trait est une ligne diagonale incurvée qui tourne brusquement vers le haut en bas et se termine par un coup de crayon. Ce type de relâchement avec un virage serré s'appelle un hane. Lorsque vous écrivez un hane, c'est comme si ce trait était relié au suivant. Le deuxième trait commence presque là où le premier s'arrête - dessinez une ligne incurvée opposée au premier trait, plus courte que le premier, sans le hane.

ÉCRIRE

Commencez par tracer les formes dans les grandes cellules ci-dessous.

Ensuite, entraînez-vous à dessiner ce caractère dans ces petites cellules

ウ ウ u

Prononcé comme le "u" dans "unité".

APPRENDRE

Ce kana se dessine avec deux traits ; saut dégradé, arrêt.
Tracez un trait court et oblique en haut au centre, puis faites glisser votre stylo vers l'arrière et vers la gauche. Faites attention au deuxième trait lorsque vous éloignez le stylo - il commence presque là où le premier s'est terminé, dans la même direction. La forme de l'oreille s'incurve vers la droite, puis vers le bas jusqu'au centre. Faites glisser votre stylo lorsque vous terminez ce trait également. Le premier trait ne doit pas être trop grand, sinon il paraîtra disproportionné.

ÉCRIRE

Commencez par tracer les formes dans les grandes cellules ci-dessous.

Ensuite, entraînez-vous è dessiner ce caractère dans ces petites cellules

e

Prononcé comme le "é" comme dans "étirement".

APPRENDRE

Ce kana se dessine avec deux traits ; saut dégradé, arrêt.

On commence comme l'hiragana précédent う, avec un trait court et oblique en haut au centre. Pour le deuxième trait, imaginez que vous écrivez le chiffre 7 et que vous le tracez un peu vers le haut, avant de dessiner une petite vague. Prolongez ce trait, mais ne faites pas glisser le stylo hors de la page.

ÉCRIRE

Commencez par tracer les formes dans les grandes cellules ci-dessous.

Ensuite, entraînez-vous à dessiner ce caractère dans ces petites cellules

オ オ o

APPRENDRE

Ce kana se dessine en trois traits : arrêt, dégradé, arrêt.

Commencez par faire un court trait horizontal, comme pour le あ, mais un peu plus bas et vers la gauche. Le deux-ième trait coupe le premier en deux avec une ligne verticale, en tournant brusquement vers la gauche en bas. Il tourne ensuite à nouveau pour créer une grande courbe avant d'éteindre votre stylo à la fin. Le troisième petit trait se positionne en haut et à droite du premier trait.

ÉCRIRE   Commencez par tracer les formes dans les grandes cellules ci-dessous.

Ensuite, entraînez-vous à dessiner ce caractère dans ces petites cellules

カ カ ka

APPRENDRE

Ce kana se dessine en trois traits : saut, arrêt, arrêt.

Commencez par une ligne horizontale avant de tourner verticalement vers le bas et de vous pencher vers la gauche - terminez par un hane. Le deuxième trait croise le premier, du haut du milieu vers le bas à gauche. Le dernier trait est une courbe inclinée vers la droite. Il est important que ce trait soit plus long que les petits traits des kana précédents, afin qu'il ne soit pas lu comme un modificateur.

ÉCRIRE   Commencez par tracer les formes dans les grandes cellules ci-dessous.

Ensuite, entraînez-vous à dessiner ce caractère dans ces petites cellules

ki

Prononcé comme le "ki" dans "kiné".

APPRENDRE

Dessiné avec quatre traits ; arrêt, arrêt, saut dégradé, arrêt. Les deux premiers coups consistent en des lignes parallèles, de gauche à droite, avec un léger angle. Le troisième trait traverse les deux premiers et se termine par une hane. Tracez votre hane vers le haut, pour créer la quatrième marque. Dessinez la dernière marque d'arrêt courbée vers la droite. Vous voyez souvent ces marques reliées entre elles dans certaines polices, comme le montre la petite image à gauche, mais c'est la façon correcte de dessiner ce caractère.

ÉCRIRE   Commencez par tracer les formes dans les grandes cellules ci-dessous.

Ensuite, entraînez-vous à dessiner ce caractère dans ces petites cellules

ク ク **ku**

Prononcé comme le "cu" de "Cuba".

APPRENDRE

Ce kana se dessine d'un seul trait : un arrêt.

Ce caractère est dessiné en un seul trait, comme une équerre ouverte, mais avec une légère courbure vers l'intérieur. Veillez à ce que les points de départ et d'arrivée soient alignés verticalement, afin de créer un caractère bien équilibré.

ÉCRIRE

Commencez par tracer les formes dans les grandes cellules ci-dessous.

Ensuite, entraînez-vous à dessiner ce caractère dans ces petites cellules

ケ ケ ke

PARLER Prononcé comme le mot "quai".

APPRENDRE

Ce kana a trois traits : un saut dégradé, un arrêt et un dégradé.

Dessinez le premier trait vers le bas avec une légère courbe vers l'extérieur et en terminant par un hane. La deuxième trait se fait dans la continuité du hane, avec une courte ligne de gauche à droite. Pour finir, le dernier trait est une autre ligne verticale vers le bas, avec une courbe vers la gauche cette fois. Il commence un peu plus haut que le précédent plus haut que le précédent, et se termine plus bas aussi. Terminez ce trait d'un coup de stylo.

ÉCRIRE Commencez par tracer les formes dans les grandes cellules ci-dessous.

Ensuite, entraînez-vous à dessiner ce caractère dans ces petites cellules

ko

Prononcé comme le "co" de "composition".

APPRENDRE

Ce kana se dessine avec deux traits : un saut et un arrêt.

Ce kana se dessine avec deux traits qui se courbent vers l'intérieur et se rejoignent presque pour former une grande boucle. La première marque est une ligne horizontale incurvée se terminant par un hane. Votre deuxième trait commence plus bas et vers la gauche. Les traits doivent donner l'impression qu'ils sont presque reliés pour créer une forme circulaire fermée.

ÉCRIRE   Commencez par tracer les formes dans les grandes cellules ci-dessous.

Ensuite, entraînez-vous à dessiner ce caractère dans ces petites cellules

サ サ sa

APPRENDRE

Ce kana se dessine avec trois traits : arrêt, saut, arrêt.

Écrit de manière similaire à **き** mais sans le premier trait court. Commencez par la ligne horizontale angulaire de gauche à droite. Votre deuxième trait coupe cette marque et se termine par un hane. Le troisième trait est obtenu en posant votre stylo légèrement après le hane et en le recourbant. Ce kana est souvent affiché comme étant relié, mais la méthode correcte est de lever votre stylo.

ÉCRIRE   Commencez par tracer les formes dans les grandes cellules ci-dessous.

Ensuite, entraînez-vous à dessiner ce caractère dans ces petites cellules

shi

Prononcé comme "chi" dans "Chine".

APPRENDRE

Dessinez ce kana d'un seul trait, dégradé, balayé.

Ce kana s'écrit d'un seul trait. Il commence par un trait vertical de haut en bas avant de s'incurver vers la droite et vers le haut. Faites glisser votre stylo de la page à la fin.

ÉCRIRE

Commencez par tracer les formes dans les grandes cellules ci-dessous.

Ensuite, entraînez-vous à dessiner ce caractère dans ces petites cellules

ス ス **su**

PARLER   Prononcé comme le "su" de "super".

APPRENDRE

Il y a deux coups : un arrêt, et un dégradé en boucle.

Commencez par tracer un trait long de gauche à droite. Le deuxième trait part du haut et traverse le premier. Ensuite, il forme une boucle juste après l'intersection. Terminez-le en l'incurvant vers la gauche et faites glisser votre stylo du papier à la fin pour estomper le trait. Essayez de couper le premier trait légèrement décentré, vers la droite. Cela créera plus d'espace pour votre boucle ci-dessous.

ÉCRIRE   Commencez par tracer les formes dans les grandes cellules ci-dessous.

Ensuite, entraînez-vous à dessiner ce caractère dans ces petites cellules

セ　セ　se

Prononcé comme "sé" dans "Sénégal".

APPRENDRE

Ce kana se dessine en trois traits : arrêt, saut, arrêt.

Commencez ce caractère par un long trait horizontal, de gauche à droite. Le deuxième trait est une ligne verticale plus courte, vers la droite, et se termine par une hane vers le haut et la gauche. Levez votre stylo, mais gardez l'élan dans la même direction pour préparer le troisième trait. Tracez une ligne verticale vers le bas et courbez autour et vers la droite. Ne donnez pas de coup de stylo ici. Les deux premières marques doivent couper la première avec des espaces réguliers.

ÉCRIRE

Commencez par tracer les formes dans les grandes cellules ci-dessous.

Ensuite, entraînez-vous à dessiner ce caractère dans ces petites cellules

so

Prononcé comme le "so" de "soja".

APPRENDRE

Ce kana est obtenu par un seul trait en zig-zag ; arrêt.

Commencez par tracer le "Z" dans la moitié supérieure, avant d'ajouter le "C" en dessous - ne levez pas votre stylo de la page. Le "C" doit se terminer sans mouvement vers le haut. Veillez à ce que la ligne horizontale du milieu soit plus longue que celle du haut. Bien que cela soit rare, vous pouvez voir ce caractère affiché en deux traits dans certaines polices.

ÉCRIRE

Commencez par tracer les formes dans les grandes cellules ci-dessous.

S'ENTRAÎNER Ensuite, entraînez-vous à dessirer ce caractère dans ces petites cellules

夕　夕　**ta**

PARLER   Prononcé comme le "ta" de "tapis".

APPRENDRE

Ce kana se dessine avec quatre traits ; ce sont tous des arrêts.

Tracez un "t" minuscule, avec la ligne verticale pointant vers le bas et la gauche. Faites-le dans la moitié gauche de la cellule, afin qu'il y ait de la place pour la partie suivante. Votre troisième trait crée une petite marque incurvée à droite de la forme en T et le quatrième trait est effectué en dessous, avec une courbe opposée au trait précédent. Les deux derniers traits doivent donner l'impression qu'ils sont presque reliés pour donner une forme circulaire.

ÉCRIRE   Commencez par tracer les formes dans les grandes cellules ci-dessous.

Ensuite, entraînez-vous à dessiner ce caractère dans ces petites cellules

チ チ **chi**

 Prononcé comme le "chi" de "tai-chi".

APPRENDRE

Ce kana se dessine en deux traits : arrêt, dégradé.

Ce caractère s'écrit comme une image miroir de さ, mais il n'est pas nécessaire de lever votre stylo. Tracez votre premier trait de gauche à droite, en formant un léger angle. Votre deuxième trait est une ligne légèrement diagonale vers le bas et la gauche, qui croise la première. À l'approche du bas, il se recourbe vers le haut et vers la droite, créant une forme circulaire et se terminant par une pichenette de la page.

ÉCRIRE

Commencez par tracer les formes dans les grandes cellules ci-dessous.

Ensuite, entraînez-vous à dessiner ce caractère dans ces petites cellules

ツ ツ tsu

PARLER Prononcé comme le "tsu" de "tsunami".

APPRENDRE

Ce kana a trois traits : deux arrêts et un dégradé.

Ce caractère ressemble au Katakana シ et les deux premiers traits sont à nouveau constitués de deux lignes parallèles et angulaires. Votre troisième trait est une courbe qui s'estompe vers la gauche à partir du trait supérieur droit. Pour les mêmes raisons, faites attention à l'espacement de vos points de départ pour chaque trait.

ÉCRIRE Commencez par tracer les formes dans les grandes cellules ci-dessous.

Ensuite, entraînez-vous à dessiner ce caractère dans ces petites cellules

テ テ te

Prononcé comme le mot "thé".

APPRENDRE

Ce kana se dessine en trois traits : stop, stop, dégradé.

Ce kana commence par deux traits d'arrêt parallèles, formant des lignes horizontales de gauche à droite. Veillez à ce que votre deuxième trait soit plus long que le premier. Votre troisième trait est une ligne diagonale plus courte et courbée vers le bas et le côté gauche. Elle commence au milieu de votre deuxième trait.

ÉCRIRE

Commencez par tracer les formes dans les grandes cellules ci-dessous.

Ensuite, entraînez-vous à dessiner ce caractère dans ces petites cellules

to

Prononcé comme le "to" de "ton".

APPRENDRE

Ce kana est obtenu en deux traits : arrêt, arrêt.

Tracez une longue ligne verticale commençant près du haut de la cellule, et légèrement à gauche du centre, se terminant par un arrêt près du bas de la cellule. Votre deuxième ligne est une marque d'arrêt beaucoup plus courte, commençant au-dessus du centre de la cellule, et se déplaçant vers le bas et la droite dans une direction diagonale.

ÉCRIRE

Commencez par tracer les formes dans les grandes cellules ci-dessous.

Ensuite, entraînez-vous à dessiner ce caractère dans ces petites cellules

ナ ナ **na**

Prononcé comme le "na" de narval.

APPRENDRE

Ce kana a deux traits : un arrêt et un dégradé.

Commencez par un trait d'arrêt horizontal relativement long, au-dessus de la ligne centrale. La deuxième ligne commence près du haut, au milieu, et est tracée vers le bas et à travers le premier trait. Il commence comme une ligne verticale et s'incurve vers la partie inférieure gauche de la cellule après l'intersection.

ÉCRIRE

Commencez par tracer les formes dans les grandes cellules ci-dessous.

Ensuite, entraînez-vous à dessiner ce caractère dans ces petites cellules

二　二　**ni**

Prononcé comme le "ni" de "Nice".

APPRENDRE

Ce kana a deux traits ; les deux sont des arrêts.

Comme l'un des caractères Katakana les plus simples, nous dessinons 二 avec deux lignes parallèles. Chacune se déplace horizontalement de gauche à droite, avec une légère inclinaison. Votre deuxième trait doit être plus long que le premier, et s'étendre des deux côtés.

ÉCRIRE

Commencez par tracer les formes dans les grandes cellules ci-dessous.

Ensuite, entraînez-vous à dessiner ce caractère dans ces petites cellules

ヌ ヌ **nu**

Prononcé comme le "nu" de "nuance".

APPRENDRE

Dessiné avec deux traits ; un long dégradé, un arrêt.

Commencez votre premier trait par une ligne horizontale légèrement inclinée de gauche à droite et légèrement vers le haut. Sans lever le stylo, faites un virage serré vers le bas en une longue courbe. Elle se termine par un dégradé dans la partie inférieure gauche de la cellule. Votre deuxième trait est une courbe plus courte qui se termine par un arrêt. Il commence en dessous du début de votre premier trait et coupe le milieu de la courbe que vous venez de faire.

ÉCRIRE

Commencez par tracer les formes dans les grandes cellules ci-dessous.

Ensuite, entraînez-vous à dessiner ce caractère dans ces petites cellules

ne

Prononcé comme le "né" de "négative".

APPRENDRE

Ce kana a quatre traits : arrêt, dégradé, arrêt et arrêt.

Commencez par une marque d'arrêt courte et angulaire dans le centre supérieur. Votre deuxième trait commence par une ligne horizontale avant de se transformer en une courbe qui s'estompe vers le bas et la gauche. Le troisième trait est une ligne verticale avec un arrêt, qui commence au milieu de la courbe du deuxième trait. Pour finir, le dernier trait est une courte ligne diagonale qui doit être à peu près de la même longueur que l'extrémité inférieure de votre longue courbe.

ÉCRIRE

Commencez par tracer les formes dans les grandes cellules ci-dessous.

S'ENTRAÎNER   Ensuite, entraînez-vous à dessiner ce caractère dans ces petites cellules

ノ ノ **no**

Prononcé comme le "no" de "noble".

APPRENDRE

Ce kana s'écrit avec un seul trait : un dégradé.

Ceci est sans doute le plus simple des katakana et consiste en un seul trait courbe qui s'estompe. Il commence en haut à droite et s'estompe en bas à gauche. Faites attention au positionnement de ce kana.

ÉCRIRE

Commencez par tracer les formes dans les grandes cellules ci-dessous.

S'ENTRAÎNER Ensuite, entraînez-vous à dessiner ce caractère dans ces petites cellules

ha

Prononcé comme le "ha" quand on rit, comme ha-ha.

APPRENDRE

Dessinez ce kana avec deux traits : un dégradé et un arrêt.

Votre premier trait est une ligne diagonale incurvée partant juste à gauche du centre et s'estompant vers la gauche. La deuxième marque reflète presque la première, mais se termine par un arrêt dans la zone inférieure droite. Les points de départ doivent être espacés et éloignés de la ligne centrale.

ÉCRIRE

Commencez par tracer les formes dans les grandes cellules ci-dessous.

Ensuite, entraînez-vous à dessiner ce caractère dans ces petites cellules

ヒ　ヒ　hi

　Prononcé comme le "hi" de "hippopotame".

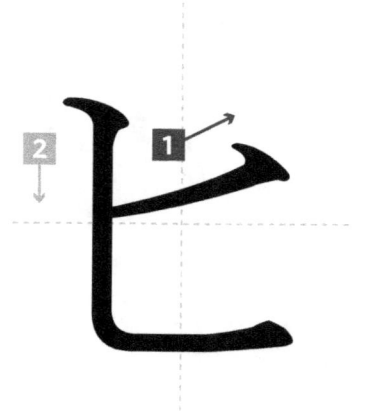

Ce kana se dessine avec deux traits ; les deux sont des arrêts.

Faites le premier trait comme une ligne légèrement inclinée de gauche à droite, se terminant par un arrêt. Le deuxième trait commence en haut à gauche et forme une ligne verticale vers le bas, touchant juste la fin du premier. Lorsque votre stylo approche de la partie inférieure de la case, tournez doucement vers la droite - il ne s'agit pas d'un angle aigu comme dans d'autres kana. Le deuxième trait doit s'arrêter à peu près sous l'extrémité du premier.

ÉCRIRE　Commencez par tracer les formes dans les grandes cellules ci-dessous.

Ensuite, entraînez-vous à dessiner ce caractère dans ces petites cellules

フ フ **fu**

Prononcé comme le "hu" de "humain".

Dessinée d'un seul trait, cette courbe est un long dégradé.

Ce kana a été dessiné dans le cadre des symboles précédents de ce cahier d'exercices. D'une forme similaire à celle du chiffre 7, il commence par une ligne horizontale légèrement inclinée. Lorsque votre stylo s'approche du côté droit de la cellule, il doit tourner assez brusquement. Gardez votre stylo sur la page pour créer la longue courbe qui s'estompe vers le bas et la gauche de la cellule.

Commencez par tracer les formes dans les grandes cellules ci-dessous.

Ensuite, entraînez-vous è dessiner ce caractère dans ces petites cellules

he

APPRENDRE

Ce kana est réalisé avec un seul trait : un arrêt.

Ce kana à un seul trait commence au milieu du côté gauche de la cellule. Déplacez votre stylo en diagonale vers le haut et la droite mais, avant d'atteindre la ligne centrale, redescendez et tracez une ligne diagonale plus longue en bas à droite. Assurez-vous que le "point" en haut est positionné à gauche de la ligne centrale.

ÉCRIRE   Commencez par tracer les formes dans les grandes cellules ci-dessous.

Ensuite, entraînez-vous à dessiner ce caractère dans ces petites cellules

ホ　ホ **ho**

Prononcé comme le "ho" de "homogène".

APPRENDRE

Ce kana a quatre traits : arrêt, saut dégradé, arrêt et arrêt.

Le premier trait est une ligne horizontale de gauche à droite. Le deuxième trait est une ligne verticale, qui coupe le milieu du premier trait, juste au-dessus du centre de la cellule. Terminez par un hane en faisant glisser votre stylo sur le papier. Les troisième et quatrième traits sont réalisés de la même manière que les kana ノ\, en se reflétant l'un l'autre. Ils ne doivent pas entrer en contact avec d'autres marques.

ÉCRIRE

Commencez par tracer les formes dans les grandes cellules ci-dessous.

Ensuite, entraînez-vous à dessiner ce caractère dans ces petites cellules

ma

Prononcé comme le "ma" de "maman".

Dessiné avec deux traits ; long dégradé, court arrêt.

En commençant par un premier trait familier, dessinez votre stylo à travers la cellule en une ligne horizontale. Sans lever votre stylo, tournez brusquement vers l'arrière et vers le bas avec une courbe plus courte et délavée vers la gauche. Votre deuxième trait est une ligne relativement courte, faite en angle vers le bas et vers la droite. Veillez à ne pas confondre ce trait avec le kana ア que nous avons appris au début !

ÉCRIRE Commencez par tracer les formes dans les grandes cellules ci-dessous.

Ensuite, entraînez-vous à dessiner ce caractère dans ces petites cellules

mi

PARLER   Prononcé comme le "mi" de "mignon".

APPRENDRE

Dessiné avec trois traits ; chacun est un arrêt court.

Ce kana est relativement simple, il consiste en trois lignes courtes et parallèles. Chacune est tracée avec un léger angle, en arrêtant le stylo au fur et à mesure que vous descendez de gauche à droite. Le troisième trait est légèrement plus long, et la position de départ se trouve un peu plus à droite.

ÉCRIRE   Commencez par tracer les formes dans les grandes cellules ci-dessous.

Ensuite, entraînez-vous à dessiner ce caractère dans ces petites cellules

mu

Prononcé comme "mu" de "musique".

APPRENDRE

Dessinez ce kana en deux traits ; arrêt et arrêt.

Ceci ressemble presque à trois traits distincts, mais le premier crée une sorte de forme en "L". Commencez par une ligne droite, tracée en diagonale du milieu supérieur vers le bas à gauche. Gardez votre stylo sur le papier et faites un virage serré vers la droite. Tracez un angle beaucoup plus faible à travers la case et terminez par un arrêt. La deuxième ligne est une courte marque d'arrêt diagonale qui doit toucher la fin du premier trait lorsqu'il descend.

ÉCRIRE Commencez par tracer les formes dans les grandes cellules ci-dessous.

Ensuite, entraînez-vous à dessiner ce caractère dans ces petites cellules

me

APPRENDRE

Ce kana se dessine avec deux traits : un dégradé et un arrêt.

Votre premier trait est une ligne courbe relativement longue, tracée du quadrant supérieur droit vers le quadrant inférieur gauche. Ce trait doit être dégradé vers la fin. La deuxième marque diagonale est une courbe plus courte qui coupe le milieu de votre premier trait et se termine par un arrêt.

ÉCRIRE   Commencez par tracer les formes dans les grandes cellules ci-dessous.

S'ENTRAÎNER   Ensuite, entraînez-vous à dessiner ce caractère dans ces petites cellules

モ モ mo

Prononcé comme le "mo" de "moment".

Ce kana a trois traits ; tous sont des arrêts.

Pour ce kana, commencez par tracer le premier et le deuxième trait sous forme de deux lignes horizontales. Le deuxième trait doit être un peu plus long que le premier. Votre troisième trait commence sur le premier trait et est dessiné comme une ligne verticale vers le bas, pour commencer. Il coupera votre deuxième trait et, lorsque votre stylo approchera du bas de la cellule, il tournera doucement vers la droite et s'arrêtera sur la droite.

Commencez par tracer les formes dans les grandes cellules ci-dessous.

S'ENTRAÎNER

Ensuite, entraînez-vous à dessiner ce caractère dans ces petites cellules

ya

APPRENDRE

Dessinez ce kana avec deux traits : un dégradé et un arrêt.

Pour ce kana, nous commençons par tracer une ligne droite de gauche à droite, avec un angle relativement faible vers le haut. Lorsque nous nous approchons du côté droit de la cellule, il tourne brusquement vers le bas et revient vers le centre en dégradé. Votre deuxième coup est une longue ligne diagonale à partir de la partie supérieure gauche de la cellule, plus proche du centre que du côté, et il coupe le premier trait à environ un tiers du début.

ÉCRIRE

Commencez par tracer les formes dans les grandes cellules ci-dessous.

Ensuite, entraînez-vous à dessiner ce caractère dans ces petites cellules

ユ ユ yu

Prononcé comme le "yu" du prénom "Yusef".

APPRENDRE

Ce kana se dessine avec deux traits ; les deux sont des arrêts.

Votre premier trait commence par une courte ligne horizontale, puis fait un virage serré vers le bas pour s'arrêter. Le deuxième trait commencera plus à gauche que le premier, et en dessous de la ligne centrale. Il s'agit d'une ligne horizontale plus longue qui doit toucher la fin du premier trait. Pour que ce symbole ne soit pas confondu avec le katakana ⊐, veillez à ce que le deuxième trait s'étende davantage des deux côtés.

ÉCRIRE   Commencez par tracer les formes dans les grandes cellules ci-dessous.

86

S'ENTRAÎNER   Ensuite, entraînez-vous à dessiner ce caractère dans ces petites cellules

yo

Prononcé comme le "yo" de yo-yo.

APPRENDRE

Ce kana se dessine avec trois traits : tous des arrêts.

Ce kana ressemble à la lettre E à l'envers et, comme le kana de la page précédente, il commence par une ligne horizontale qui se transforme en ligne verticale sur le côté droit. La deuxième ligne, légèrement plus courte, traverse le milieu de la cellule pour rejoindre le centre de la ligne verticale. Pour terminer, le troisième trait est un peu plus long, de gauche à droite, et rejoint la fin du premier trait dans le quadrant inférieur droit.

ÉCRIRE Commencez par tracer les formes dans les grandes cellules ci-dessous.

Ensuite, entraînez-vous à dessiner ce caractère dans ces petites cellules

ラ ラ **ra**

Prononcé comme le "la" de "lavande".

Ce kana se dessine en deux traits : stop, dégradé.

Commencez par faire une courte ligne horizontale avec un trait d'arrêt près du haut de la cellule. Le deuxième trait ressemble à la forme du chiffre 7 et commence par une ligne horizontale plus longue, parallèle au premier trait. Il tourne ensuite pour former une longue ligne diagonale incurvée. Ce trait s'estompe en direction de la zone centrale en bas.

ÉCRIRE

Commencez par tracer les formes dans les grandes cellules ci-dessous.

Ensuite, entraînez-vous à dessiner ce caractère dans ces petites cellules

リ リ **ri**

Prononcé comme le "li" de "lire".

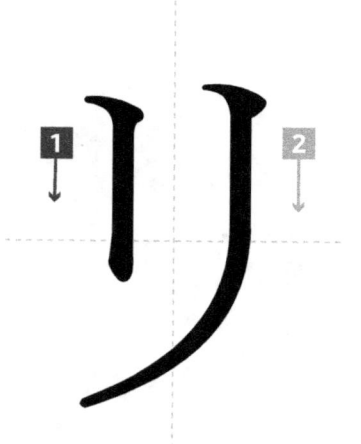

APPRENDRE

Ce kana se dessine en deux traits : stop, dégradé.

Ce caractère Katakana ressemble visuellement à son homologue Hiragana. Le premier trait est simplement une ligne droite et verticale allant de la zone supérieure gauche jusqu'à la ligne centrale. Il se termine par un stop. Le deuxième trait commence à la même hauteur que le premier et est tracé en ligne droite jusqu'à la ligne centrale avant de revenir vers la partie inférieure gauche de la cellule - terminez ce trait par dégradé.

ÉCRIRE

Commencez par tracer les formes dans les grandes cellules ci-dessous.

Ensuite, entraînez-vous à dessiner ce caractère dans ces petites cellules

ル ル **ru**

Prononcé comme le "lu" de "lucarne".

APPRENDRE

Ce kana se dessine en deux traits, tous deux en dégradé.

Commencez par tracer une ligne courbe de la zone supérieure vers le côté inférieur gauche et dégradez-le vers la fin. Le deuxième trait commence par une ligne droite verticale partant d'un point plus élevé que le premier, et juste à droite de la ligne centrale. Lorsque votre stylo s'approche du bas, tournez brusquement vers la droite et vers le haut avec un trait légèrement incurvé et dégradé pour terminer.

ÉCRIRE Commencez par tracer les formes dans les grandes cellules ci-dessous.

Ensuite, entraînez-vous à dessiner ce caractère dans ces petites cellules

re

APPRENDRE

Dessiné avec un seul trait ; un long dégradé.

Ce kana est essentiellement le même que le deuxième trait du symbole katakana précédent ル, sauf qu'il est plus large, positionné au centre de la cellule, et se termine par une courbe dégradée plus longue au bout.

ÉCRIRE

Commencez par tracer les formes dans les grandes cellules ci-dessous.

Ensuite, entraînez-vous à dessiner ce caractère dans ces petites cellules

口　口　**ro**

　Prononcé comme le "lo" de "losange".

APPRENDRE

Ce kana se dessine avec trois traits ; tous sont des arrêts.

Faites votre premier trait avec une ligne verticale droite dans la moitié gauche de la cellule. Le deuxième trait commence au même endroit que le premier et est tiré vers la droite avant de redescendre en ligne droite. Le dernier trait est une autre ligne droite horizontale, qui commence à la fin du premier trait. Terminez par un arrêt lorsque votre stylo rejoint la fin du deuxième trait. La forme de boîte sera positionnée en bas au centre de l'ensemble.

ÉCRIRE　　Commencez par tracer les formes dans les grandes cellules ci-dessous.

Ensuite, entraînez-vous à dessiner ce caractère dans ces petites cellules

ワ ワ **wa**

Prononcé comme le "wa" de "wasabi".

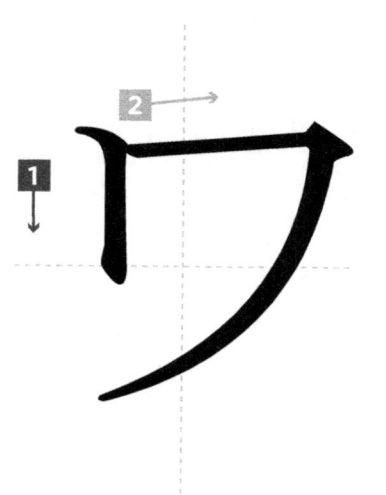

Ce kana se dessine en deux traits : stop, dégradé.

Pour que ce kana ne soit pas confondu avec le Katakana ク , il est important que votre premier trait fasse une ligne verticale droite. Le deuxième trait commence au même endroit que le premier et se déplace tout droit vers la droite avant de tourner et de devenir une ligne diagonale incurvée. Ce trait doit être dégradé progressivement lorsqu'il se rapproche du bas, près du centre.

ー	ワ	ワ	ワ

ÉCRIRE　　Commencez par tracer les formes dans les grandes cellules ci-dessous.

ワワ				
ワワ				
ワワ				
ワワ				

Ensuite, entraînez-vous à dessiner ce caractère dans ces petites cellules

ヲ ヲ **wo**[*]

PARLER　　Prononcé comme le "oh" de woah, avec un "w" muet.

APPRENDRE

Dessiné avec trois traits ; un long dégradé et deux arrêts.

Notre avant-dernier caractère kana commence par deux traits horizontaux dans la moitié supérieure de la cellule. Ce sont des traits parallèles et le deuxième est légèrement plus court. Le troisième trait est une longue courbe qui commence à la fin du premier trait. Il doit rejoindre la fin du deuxième trait et s'estomper dans la partie inférieure gauche de la cellule.

* Kana peu courant utilisé comme particule.

ÉCRIRE　　Commencez par tracer les formes dans les grandes cellules ci-dessous.

Ensuite, entraînez-vous à dess ner ce caractère dans ces petites cellules

n

Prononcé comme le son "n" de "encre".

APPRENDRE

Ce kana se dessine avec deux traits : arrêt court, dégradé.

Notre dernier katakana de base ン est facilement confondu avec ソ , il est donc essentiel que le caractère soit dessiné plus large dans l'ensemble. Le premier trait est une ligne angulaire assez courte, presque verticale, qui se termine par un stop. Le deuxième trait est une ligne plus superficielle, incurvée, partant en diagonale du côté inférieur gauche et remontant vers le côté supérieur droit, et en étant progressivement dégradé vers la fin.

ÉCRIRE

Commencez par tracer les formes dans les grandes cellules ci-dessous.

Ensuite, entraînez-vous à dessiner ce caractère dans ces petites cellules

GENKOUYOUSHI

DU PAPIER QUADRILLÉ
POUR VOUS ENTRAINER

Part 4

CARTES FLASH

À PHOTOCOPIER OU À DÉCOUPER & CONSERVER

a

Prononcé comme le "a" de "après" ou "appareil".

i

Prononcé comme le "i" dans "intéressant" mais plus long.

u

Prononcé comme le "u" dans "unité".

e

Prononcé comme le "é" comme dans "étirement".

o

Prononcé comme le "o" dans "original".

ka

Prononcé comme le "ca" dans "Californie".

ki

Prononcé comme le "ki" dans "kiné".

ku

Prononcé comme le "cu" de "Cuba".

ke

Prononcé comme le mot "quai".

ko

Prononcé comme le "co" de "composition".

sa

Prononcé comme le "sa" de "sardines".

shi

Prononcé comme "chi" dans "Chine".

su

Prononcé comme le "su" de "super".

se

Prononcé comme "se" dans "Sénégal".

so

Prononcé comme le "so" de "soja".

ta

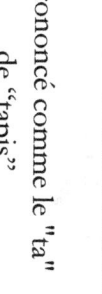

Prononcé comme le "ta" de "tapis".

chi

Prononcé comme le "chi" de "tai-chi".

tsu

Prononcé comme le "tsu" de "tsunami".

te

Prononcé comme le mot "thé".

to

Prononcé comme le "to" de "ton".

na

Prononcé comme le "na" de narval.

ni

Prononcé comme le "ni" de "Nice".

nu

Prononcé comme le "nu" de "nuance".

ne

Prononcé comme le "ne" de "négative".

no

Prononcé comme le "no" de "noble".

he

Prononcé comme le "hê" de "Hélène".

mu

Prononcé comme "mu" de "musique".

Prononcé comme le "ha" quand on rit, comme ha-ha.

ha

ho

Prononcé comme le "ho" de "homogène".

me

Prononcé comme "mé" de "mémoire".

Prononcé comme le "hi" de "hippopotame".

hi

ma

Prononcé comme le "ma" de "maman".

mo

Prononcé comme le "mo" de "moment".

Prononcé comme le "hu" de "humain".

fu

Prononcé comme le "hu" de "humain".

mi

Prononcé comme le "mi" de "mignon".

ya

Prononcé comme le "ya" de "yaourt".

yu

Prononcé comme le "yu" du prénom "Yusef".

yo

Prononcé comme le "yo" de yo-yo.

ru

Prononcé comme le "lu" de "lucarne".

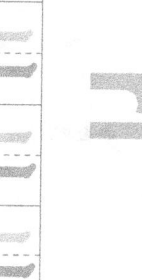

ri

Prononcé comme le "li" de "lire".

re

Prononcé comme le "lé" de "lézard".

ra

Prononcé comme le "la" de "lavande".

ro

Prononcé comme le "lo" de "losange".

wa

Prononcé comme le "wa" de "wasabi".

wo

Prononcé comme le "oh" de woah, avec un "w" muet.

n*

Prononcé comme le son "n" de "encre".

ありがとう

arigatou

erci !

Un grand merci d'avoir choisi notre livre !

Vous êtes désormais sur la bonne voie pour apprendre à lire, écrire et parler japonais, et nous espérons que vous avez apprécié notre cahier d'exercices Katakana.

Si vous avez aimé apprendre avec nous, nous apprécier-ons beaucoup que vous nous fassiez part de vos progrès en nous envoyant un avis !

Nous cherchons toujours à savoir s'il y a quelque chose que nous pouvons faire pour améliorer nos livres pour les futurs étudiants. Nous nous engageons à fournir le meilleur contenu d'apprentissage des langues possible, alors n'hésitez pas à nous contacter par e-mail si vous avez rencontré un quelconque problème avec le con-tenu de ce livre :

hello@polyscholar.com

POLYSCHOLAR

www.polyscholar.com